新版

荒れ野の40年

ヴァイツゼッカー大統領ドイツ終戦40周年記念演説

リヒャルト・フォン・ヴァイツゼッカー
永井 清彦 訳・解説

岩波ブックレット No. 767

I

ご臨席の皆さん、そして同胞の皆さん。

多くの民族《フォルク》が本日、ヨーロッパの地で第二次大戦が終結を迎えたあの日を思い浮かべておりますが、どの民族も、自らの運命に応じ、それぞれ独自の感情をもっております。勝利か敗北か、不正と外国による支配からの解放か、あるいはまた新たな隷属への移行、(国土・民族の)分裂、新たな同盟関係、ないしは大がかりな権力の移動か――一九四五年五月八日はヨーロッパにおいて極めて重要な歴史的意義を担った日であります。

われわれドイツ人はこの日にわれわれの間だけで記念《ベゲーエン》の催しをいたしておりますが、これはどうしても必要なことであります。われわれは(判断の)規準を自らの力で見出さねばなりません。自分で、あるいは他人の力をかりて気持を慰めてみても、それだけのことでしかありません。ことを言いつくろったり、一面的になったりするのではなく、及ぶかぎり真実を直視する力がわれわれには必要であり、げんにその力を備えております。

われわれにとっての五月八日とは、何よりもまず人びとが嘗《な》めた辛酸を心に刻む日であり、同時にわれわれの歴史の歩みに思いをこらす日でもあります。この日を記念するにさいしてより誠実であろうとすればするほど、この日のもたらしたもろもろの帰結によりこだわりなく責任をと

ドイツの敗戦40周年にあたる1985年5月8日，ドイツ連邦議会で記念の演説をするフォン・ヴァイツゼッカー大統領．各界各層の人びとと直接に話し合うなど，数か月にわたる準備をかさねた上での演説で，心からの和解を求めて歴史を直視せよという真情あふれる発言は国の内外でまれに見るおおきな共感を呼んだ．日本では「歴史見直し」の風潮に対する批判としても読まれ，国会でも論議の糧となった．

(写真提供：ドイツ連邦共和国大使館)

れるのであります。

われわれドイツ人にとって五月八日は、祝賀すべき日ではありません。この日を迎えたとき、もの心がついていた人びとは、きわめて個人的な、従ってきわめてさまざまな経験をしたことを思い出されるでしょう。故郷へ帰った人もいれば、故郷を喪《うしな》った人もいました。解放された人もいれば、捕囚の身になった人もいました。夜ごとの爆撃と不安が去り、生き延びたことをひたすらありがたく思った人も多くいれば、祖国が完膚なきまでに打ち破られたことに胸を痛めていた人もいました。幻想が粉々になって胸塞《ふた》がる想いのドイツ人もいれば、新たな出発の機会を与えられたのを喜んでいるドイツ人もいました。

直ちに今後の方向を見きわめることは困難であり、国中が確信を失っておりました。無条件の軍事的降服であり、われわれの運命は敵の手中に握られておりました。過ぎ去ったのは恐怖の時でした。ことに敵側の多くの人びとにとってはそうでありました。「こちら側がかつてやったことに対し、今度は向うが何倍もの仕返しをしてくるのではないか」とドイツ人のだれもがそんな思いでした。

大抵のドイツ人は国の大義のために戦い、耐え忍んでいるものと信じておりました。ところが、一切が無駄であり無意味であったのみならず、犯罪的な指導者たちの非人道的な目的のためであった、ということが明らかになったのであります。疲労困憊《こんぱい》し、なすすべを知らず、新たな不安に駆られている、というのが大抵の人びとの気持でした。「親兄弟姉妹《きょうだい》は見つかるだろうか」「これほどの廃墟のなかで新たに建設することに意味はあろうか」と人びとは考えていました。

振り返れば暗い奈落の過去であり、前には不確実な暗い未来があるだけでした。

しかし日一日と過ぎていくにつれ、五月八日が解放の日であることがはっきりしてまいりました。このことは今日われわれ全員が共通して口にしていいことであります。ナチズムの暴力支配という人間蔑視の体制からわれわれ全員が解放されたのであります。

解放であったといっても、五月八日になってから多くの人びとの深刻な苦しみが始まり、その後もつづいていったことは忘れようもありません。しかしながら、故郷を追われ、隷属に陥った原因は、戦いが終ったところにあるのではありません。戦いが始まったところに、戦いへと通じていったあの暴力支配が開始されたところにこそ、その原因はあるのです。

降服の一九四五年五月八日と(ヒトラーが政権についた)一九三三年一月三十日とを切り離すことは許されないことであります。

今日というこの日、われわれが旧連合国側の勝利の祝典に加わるべき理由はまったくありません。しかしながら、一九四五年五月八日がドイツ史の誤った流れの終点であり、ここによりよい未来への希望の芽がかくされていたとみなす理由は充分であります。

II

五月八日は心に刻むための日であります。心に刻むというのは、ある出来事が自らの内面の一部となるよう、これを誠実かつ純粋に思い浮かべる《ゲデンケン》ことであります。そのためには真実を求めることが大いに必要とされます。

われわれは今日、あの戦いと暴力支配とのなかで斃《たお》れたすべての人びとを哀しみのうちに思い浮かべております。

ことにドイツの強制収容所で命を奪われた六百万のユダヤ人を思い浮かべます。

戦いに苦しんだすべての民族、なかんずくソ連・ポーランドの無数の死者を思い浮かべます。

ドイツ人としては、兵士として斃れた同胞、そして故郷の空襲で、捕われの最中に、あるいは故郷を追われる途中で命を失った同胞を哀しみのうちに思い浮かべます。

虐殺されたシンティ、ロマ[*1]、殺された同性愛の人びと、殺害された精神病患者、宗教もしくは政治上の信念のゆえに死なねばならなかった人びとを思い浮かべます。

銃殺された人質を思い浮かべます。

ドイツに占領されたすべての国のレジスタンスの犠牲者に思いをはせます。

ドイツ人としては、市民としての、軍人としての、そして信仰にもとづいてのドイツのレジスタンス、労働者や労働組合のレジスタンス、共産主義者のレジスタンス――これらのレジスタンスの犠牲者を思い浮かべ、敬意を表します。

積極的にレジスタンスに加わることはなかったものの、良心をまげるよりはむしろ死を選んだ人びとを思い浮かべます。

はかり知れないほどの死者のかたわらに、人間の悲嘆の山並みがつづいております。

死者への悲嘆、

傷つき、障害を負った悲嘆、

非人間的な強制的不妊手術による悲嘆、

空襲の夜の悲嘆、

故郷を追われ、暴行・掠奪され、強制労働につかされ、不正と拷問、飢えと貧窮に悩まされた悲嘆、

捕われ殺されはしないかという不安による悲嘆、

迷いつつも信じ、働く目標であったものを全て失ったことの悲嘆――こうした悲嘆の山並みです。

今日われわれはこうした人間の悲嘆を心に刻み、悲傷の念とともに思い浮かべているのであります。

人びとが負わされた重荷のうち、最大の部分を担ったのは多分、各民族の女性たちだったでしょう。

女性たちの苦難、忍従、そして人知れぬ力を世界史は、余りにもあっさりと忘れてしまうものです。彼女たちは不安に脅えながら働き、人間の生命を支え護ってきました。戦場で斃れた父や息子、夫、兄弟、友人たちを悼んできました。

この上なく暗い日々にあって、人間性の光が消えないよう守りつづけたのは彼女たちでした。戦いが終るころから、確たる未来の見通しもないまま、先頭に立って石を一つ一つ積み上げていきだしたのは女性たちでした。ベルリンはじめ全国の「瓦礫《がれき》おんな」のことであります。生きのびた夫たちが帰還してくると、彼女たちはまた往々にして後ろに引き下がらねばなりませんでした。戦争のため多くの女性が独身のままであり、生涯孤独でした。

しかし破壊や、荒廃、あるいは残忍で非人間的な行為のせいで諸民族が内面から崩れてしまうことなく、戦いのあとしだいに自分を取り戻したのは、まずもって女性たちのお蔭であります。

III

暴力支配が始まるにあたって、ユダヤ人同胞に対するヒトラーの底知れぬ憎悪がありました。ヒトラーは公の場でもこれを隠しだてしたことはなく、全ドイツ民族をその憎悪の道具としたの

瓦礫おんな．男たちは戦死か捕虜で，瓦礫と化したベルリンを片づけ，再建への一歩を踏み出したのは素手の女たち．労働の対価は食料の「配給券」だった．Rolf Italiaander, Arnold Bauer, Herbert Krafft, ***Berlins Stunde Null 1945***, 1979年

です。ヒトラーは一九四五年四月三十日に自殺する前日、いわゆる遺書の結びに「指導者と国民に対し、ことに人種法[*2]を厳密に遵守し、かつまた世界のあらゆる民族を毒する国際ユダヤ主義に対し仮借のない抵抗をするよう義務づける」と書いております。

歴史の中で戦いと暴力とにまき込まれるという罪――これと無縁だった国が、ほとんどないことは事実であります。しかしながら、ユダヤ人という人種をことごとく抹殺する、というのは歴史に前例を見ません。

この犯罪に手を下したのは少数です。公の目にはふれないようになっていました。しかし、ユダヤ系の同胞たちは冷淡に知らぬ顔をされ、底意のある非寛容な態度をみせつけられ、さらには公然と憎悪を投げつけられる、といった辛酸を嘗めねばならなかったのですが、これはどのドイツ人でも見聞きすることができました。

　シナゴーグの放火、掠奪、ユダヤの星のマークの強制着用、法の保護の剝奪、人間の尊厳に対するとどまることを知らない冒瀆《ぼうとく》があったあとで、悪い事態を予測しないでいられた人はいたでしょうか。

　目を閉ざさず、耳を塞がずにいた人びと、調べる気のある人たちなら、(ユダヤ人を強制的に)移送する列車に気づかないはずはありませんでした。人びとの想像力は、ユダヤ人絶滅の方法と規模には思い及ばなかったかもしれません。しかし、犯罪そのものに加え、余りにも多くの人たちが実際に起こっていたことを知らないでおこうと努めていたのが現実であります。当時まだ幼く、ことの計画・実施に加わっていなかった私の世代も例外ではありません。

　良心を麻痺させ、それは自分の権限外だとし、目を背け、沈黙するには多くの形がありました。戦いが終り、筆舌に尽しがたい大虐殺《ホロコースト》の全貌が明らかになったとき、一切何も知らなかった、気配も感じなかった、と言い張った人は余りにも多かったのであります。

　一民族全体に罪がある、もしくは無実である、というようなことはありません。罪といい無実といい、集団的ではなく個人的なものであります。

　人間の罪には、露見したのもあれば隠しおおせたのもあります。告白した罪もあれば否認し通した罪もあります。充分に自覚してあの時代を生きてきた方がた、その人たちは今日、一人びとり自分がどう関わり合っていたかを静かに自問していただきたいのであります。

今日の人口の大部分はあの当時子どもだったか、まだ生まれてもいませんでした。この人たちは自らが手を下してはいない行為について自らの罪を告白することはできません。

ドイツ人であるというだけの理由で、粗布《あらぬの》の質素な服を身にまとって悔い改めるのを期待することは、感情をもった人間にできることではありません。しかしながら先人は彼らに容易ならざる遺産を残したのであります。

罪の有無、老幼いずれを問わず、われわれ全員が過去を引き受けねばなりません。だれもが過去からの帰結に関わり合っており、過去に対する責任を負わされております。

心に刻みつづけることがなぜかくも重要なのかを理解するため、老幼たがいに助け合わねばなりません。また助け合えるのであります。

問題は過去を克服することではありません*3。さようなことができるわけはありません。後になって過去を変えたり、起こらなかったことにするわけにはまいりません。しかし過去に目を閉ざす者は結局のところ現在にも盲目となります。非人間的な行為を心に刻もうとしない者は、またそうした危険に陥りやすいのです。

ユダヤ民族は今も心に刻み、これからも常に心に刻みつづけるでしょう。われわれは人間として心からの和解《フェアゼーヌング》*4を求めております。

まさしくこのためにこそ、心に刻むことなしに和解はない、という一事を理解せねばならぬのです。何百万人もの死を心に刻むことは世界のユダヤ人一人びとりの内面の一部なのでありますが、これはあのような恐怖を人びとが忘れることはできない、というだけの理由からではありません。心に刻むというのはユダヤの信仰の本質でもあるのです。

忘れることを欲するならば捕囚は長びく
救いの秘密は心に刻むことにこそ

これはよく引用されるユダヤ人の格言でありますが、神への信仰とは歴史における神のみ業《わざ》への信仰である、といおうとしているのでありましょう。

心に刻む《エアインネルン》というのは、歴史における神のみ業を目のあたりに経験することであります。これこそが救いの信仰の源であります。この経験こそ希望を生み、救いの信仰、断ち裂かれたものが再び一体となることへの信仰、和解への信仰を生み出すのであります。神のみ業の経験を忘れる者は信仰を失います。もしわれわれの側が、かつて起こったことを心に刻む代りに忘れ去ろうとするようなことがあるなら、これは単に非人道的だというにとどまりません。生き延びたユダヤ人たちの信仰を傷つけ、和解の芽を摘みとってしまうことになるでありましょう。

われわれ自身の内面に、智と情の記念碑が必要であります。

IV

五月八日は、ドイツの歴史のみならず、ヨーロッパの歴史に深く刻み込まれております。ヨーロッパの内戦は終り、古いヨーロッパの世界は崩れ去っておりました。歴史学者ミハエル・シュチュルマー教授の言をかりれば「ヨーロッパは戦い尽した」のであります。停戦の直前、東西から進撃してきた米ソ両軍兵士のエルベ河畔での邂逅[*5]は、さし当ってヨーロッパの一つの時代が終ったことのシンボルでした。

これらが古くからの歴史に根ざしていることは確かです。ヨーロッパの人間は世界中で大きな、それどころか決定的な影響力をもっていましたが、自らの大陸での互いの共存関係はしだいにぎすぎすしたものになってまいりました。ヨーロッパでは百年以上にわたってナショナリズムがあまりにも高まり、その衝突に苦しんできたのであります。第一次大戦が終るとヴェルサイユ条約など一連の平和条約が締結されました。しかし、これらには平和を樹立する力が欠けておりました。民族主義的な激情の炎が再び燃え上がり、社会の窮状と結びつくこととなったのであります。

災いへの道を推進したのはヒトラーで、大衆の狂気を生み出し、これを利用しました。脆弱なヴァイマル期の民主制にはヒトラーを阻止する力がありませんでした。そしてまたヨーロッパの西側諸国も無力であり、そのことによってこの宿命的な事態の推移に加担したのですが、（イギリスの元首相）チャーチルはこれを「悪意はないが無実とはいいかねる」と評しております。そしてアメリカは、第一次大戦のあとまた（孤立主義の立場をとって）内に引きこもり、三〇年代にはヨーロッパに対して影響力をもっておりませんでした。

ヒトラーはヨーロッパ支配を望みました。しかも戦争によってであります。ヒトラーはポーランドに戦争の手がかりを求め、これを発見いたしました。

戦争の始まる数か月前の一九三九年五月二十三日、ヒトラーはドイツ軍の将官を前に次のように言明しております。

血を流すことなくこれ以上の成果をあげることはできぬ。……ダンツィヒ[*6]が当面の目標なのではない。

われわれの関心は、東方における生存圏の拡大であり食糧の確保である……

つまりポーランドに手を出さない、などというのは問題外である。残るは最初の好機をとらえてポーランドに攻撃を加える決心をするだけのことである……

このさい正義やら不正、条約がどうのなどというのは、一切どうでもいいことである。

一九三九年八月二十三日、独ソ不可侵条約が締結されました。秘密の付属議定書には目前のポーランド分割についての規定がありました。

この条約が結ばれたのは、ヒトラーのポーランド侵入を可能にするためです。当時のソ連指導部はこのことを重々承知しておりました。独ソ条約がヒトラーのポーランド侵入、そして第二次大戦を意味することは、政治を考えている当時の人間ならだれもが知っていることでした。

だからといって第二次大戦勃発《ぼっぱつ》についてのドイツの罪がいささかも軽減されることはありません。ソ連は、自らの利益のために、他の民族の戦いを止むなしとしたのであります。しかしながら、大戦のイニシャティヴをとったのはドイツであって、ソ連ではありません。

暴力に訴えたのはヒトラーであります。第二次大戦の勃発はドイツの名と切り離すわけにはまいりません。この戦いの間、多くの民族がナチズムの統治の下に苦しみ、汚辱にまみれてまいりました。

苦しめられ、隷属させられ、汚辱にまみれた民族が最後に一つだけ残りました。ほかでもないドイツ民族であります。この戦いに勝利を収める力がないなら、ドイツ民族など亡びてしまうがいい――ヒトラーは繰り返しこう述べております。こうしてわれわれ自身が自らが始めた戦いの犠牲となる前に、まず他の諸民族がドイツを発火点とする戦いの犠牲となっておりました。

このあと、ドイツは戦勝国同士の申し合わせに従いさまざまな地域に分割されました。この間にソ連は、戦時中ドイツが占領していた東ヨーロッパ、東南ヨーロッパのすべての国に攻め入りました。ギリシャを例外として、これらの国はすべて社会主義国となりました。

ヨーロッパは二つの異った政治体制への分裂の道を辿りだしました。この分裂を固定したのが戦後の情勢であることは確かですが、ヒトラーが始めた戦いなしにはこの分裂もなかったでしょう。戦禍に遭った諸民族がドイツの指導者たちの始めた戦いを思い起こすとき、まっ先に考えるのはそのことに他なりません。

自らの国土が分割され、ドイツの領土が大きく失われたことをみるとき、われわれが考えるのもそのことであります。五月八日にあたって(東西にまたがる)ベルリン司教区のヨアヒム・マイスナー司教は「罪がもたらす絶望的な結果は常に分裂である」と説いておられます。

V

破壊も恣意的でしたが、人びとへの重荷も恣意的でした。罪なくして迫害された人たちの一方に、まんまと逃げおおせた罪人がおりました。住み慣れた環境の中で新しい生活を築く幸運に恵まれた人たちもいれば、父祖の地を追われた人たちもいました。

のちにドイツ連邦共和国となった地域に住むわれわれは、自由という貴重なチャンスを与えられました。(しかし東のドイツ民主共和国には)何百万もの同胞が今日に至るまで自由の恩恵に浴することができないでいます。

物質面での復興という課題と並んで、精神の面での最初の課題は、さまざまな運命の恣意に耐えるのを学ぶことでありました。ここのところで他の人びとの重荷に目を開き、常に相ともにこの重荷を担い、忘れ去ることをしないという、人間としての力が試されていたのです。またその課題の中から、平和への能力、そして内外との心からの和解《フェアゼーヌング》への心構えが育っていかねばなりませんでした。このことこそ他人から求められていただけでなく、われわれ自身が心から望んでいたことでもあったのです。

かつて敵側だった人びとが和睦しようという気になるには、どれほど自分に打ち克たねばならなかったか——このことを忘れて五月八日を思い浮かべることは許されません。ワルシャワのゲットー[*7]で、そしてチェコのリディツェ村[*8]で虐殺された犠牲者たち——われわれは本当にその親族の気持になれるものでしょうか。

ロッテルダムやロンドンの市民にとっても、ついこの間まで頭上から爆弾の雨を降らしていたドイツの再建を助けるなどという気になるのは、どんなにか困難なことだったでしょう。そのためには、ドイツ人が二度と再び暴力ずくで敗北に修正を加えることはない、という確信がしだいに深まっていく必要がありました。

ドイツの側では故郷を追われた人びとが一番の辛苦を味わいました。五月八日をはるかに過ぎても、はげしい悲嘆と甚だしい不正とにさらされていました。もともとの土地にいられたわれわれには、この人たちの苛酷な運命を理解するだけの想像力と感受性が欠けていることが稀《まれ》ではありませんでした。

ワルシャワのユダヤ人ゲットー跡の記念碑を前に跪拝するブラント首相．1970年に西独・ポーランド国交正常化の条約が締結されたが，これを含む東方政策はヨーロッパの緊張緩和，ドイツの統一にきわめて重要な役割を果した．

だが救援の手を差しのべる動きもただちに活発となりました。故郷を捨てたり追われたりした何百万人という人びとを受け入れたのであります。歳月が経つにつれ彼らは新しい土地に定着していきました。彼らの子どもたち、孫たちは、いろいろな形で父祖の文化と郷土への愛とに結びついております。それはそれで結構です。彼らの人生にとって貴重な宝物だからであります。

しかし彼ら自身は新しい故郷を見出し、同じ年輩の土地の仲間たちと共に成長し、とけ合い、土地の言葉をしゃべり、もうその習慣を身につけておりますす。彼らの若い生命こそ内面の平和の能力の証しです。彼らの祖父母、父母たちはかつては追われる身でしたが、この若い人びと自身は今や土地の人間なのです。

故郷を追われた人びとは、早々とそして模範的な形で「武力不行使」を表明いたしました。まだ力のなかった初期のころのその場かぎりの言葉ではなく、今日にも通じる信条であります。武力不行使とは、活力を取り戻したあとになってもドイツはこれを守りつづけていく、という信頼を各方面に育てていくことを意味しております。

この間に自分たちの故郷は他の人びとの故郷となってしまいました。東方の多くの古い墓地では、今日すでにドイツ人の墓よりポーランド人の墓の方が多くなっています。

何百万ものドイツ人が西への移動を強いられたあと、何百万のポーランド人が、そして何百万のロシア人が移動してまいりました。みな意向を尋ねられることなく、不正に耐えてきた人びとでした。無抵抗に政治上の出来事につき従わざるをえない人びとであり、不正をどんな風に見直し、またそれぞれのもつ請求権をどんな風にぶつけあったとしても、彼らの身の上に起こったことに対しては如何《いかん》とも埋め合わせをしてあげることのできない人びとなのです。

五月八日のあとの運命に押し流され、以来何十年とその地に住みついている人びと、この人びとに政治に煩わされることのない持続的な将来の安全を約束すること――これが「武力不行使」の今日の意味であります。法律上の主張で争うよりも、理解し合わねばならぬという戒《いまし》めを優先させねばなりません。

これこそヨーロッパの平和的秩序のためにわれわれがなしうる本当の、人間としての貢献に他なりません。

一九四五年に始まるヨーロッパの新たなスタートは、自由と自決の考えに勝利と敗北の双方をもたらすこととなりました。自らの力が優越していればこそ平和が可能であり確保されているとすべての国が考え、平和とは次の戦いの準備期間であった――こうした時期がヨーロッパ史の上で長くつづいてきたのでありますが、われわれはこれに終止符をうつ好機を活かしていかねばなりません。

ヨーロッパの諸民族は自らの故郷を愛しております。ドイツ人も同様です。自らの故郷を忘れられる民族が平和に愛情を寄せるなどということを信じるわけにまいりましょうか。

いや、平和への愛とは、故郷を忘れず、まさにそのためにこそ、いつも互いに平和で暮せるよう全力を挙げる覚悟をしていることであります。追われたものが故郷に寄せる愛情は、復讐主義[*9]ではないのであります。

VI

この前の戦いは、人びとの心の中にいまだかつて例をみない平和への憧れを呼びさましました。教会の手による和解のための努力は大きな反響を呼びました。若い人びとによる相互理解のための仕事にも多くの実例があります。アウシュヴィッツやイスラエルでの「行動・贖《あがな》いの証し[*10]」の活動もその一つであります。ニーダーライン地方クレーフェの町のある教区には最近、ポーランドのいくつかの教区から和睦と連帯の証しとしてのパンが届けられました。クレーフェの教区はこのパンの一つをイギリスの一教師に送りました。この教師がそれまでの沈黙を破り、自分は戦時中に空軍の一員としてクレーフェの教会と民間住宅とを爆撃したとの手紙を寄せ、和睦の証しを求めていたからなのです。

この人のように、相手が手を差し出すのを待つのではなく、自分の方から相手に手を差し出すことは、はかりしれないほど平和に貢献するものであります。

VII

大戦の結果、かつての敵は人間的にも政治的にも接近し合うことになりました。すでに一九四六年、アメリカのバーンズ国務長官は、シュトゥットガルトでの記念すべき演説でヨーロッパの相互理解を呼びかけ、ドイツ民族が自由で平和を愛好する未来に向けて歩んでいくことに助力を惜しまないように求めたのでした。

戦いの傷を癒《いや》そうと、当時数え切れぬほどのアメリカ国民が、敗れたわれわれドイツ人に私財を投じて援助を送ってくれました。

フランスのジャン・モネ、ロベール・シューマンら、ドイツ側ではコンラート・アーデナウアら[*11]の先見の明のお蔭で、フランスとドイツの長年の敵意は今や永遠に過去のものとなっております。

建設の意欲とエネルギーとは新しい流れとなって国中をおおいました。(人びとを分かつ)古くからの溝のいくつかは埋め立てられ、宗派間の対立、社会間の緊張は緩和されるに至りました。相携えてことに当ったのです。

(すべてを零から始めねばならない、という意味での)「零時《シュトウンデ・ヌル》」ではありませんでしたが、ことを新しく始める好機でした。及ぶかぎりこれを利用いたしました。不自由《ウンフライハイト》に代えて民主的な自由《フライハイト》を定着させてきたのであります。

戦後四年たった一九四九年の本日五月八日、憲法制定のための議会評議会は基本法[*12]を承認いたしました。議会評議会の民主主義者たちは、党派の壁を越え、われわれの憲法《フェアファッスング》の第一条(第二項)に前の戦いと暴力支配に対する回答を記しております。

ドイツ国民《フォルク》は、それゆえに、世界における各人間共同社会・平和および正義の基礎として、不可侵の、かつ、譲渡しえない人権をみとめる

今日、五月八日がもつこの意味についても心に刻む必要があります。

ドイツ連邦共和国は世界から尊敬される国となっております。世界の高度工業国の一つであります。この経済力で世界の飢えと貧窮と闘い、諸民族《フォルク》の間の社会的(不平等の)調整に寄与する責任を担っていることを承知しております。

四十年来、われわれは平和かつ自由に生きておりますが、北大西洋同盟NATO、ヨーロッパ共同体EC（ヨーロッパ連合EUの前身）に加盟する自由な諸民族の一員としてのわれわれの政策を通じて、自らも平和と自由のために大きな寄与をしてまいりました。

ドイツの地において今ほど市民の自由の諸権利が守られていたことはありません。他のどんな社会と比較してもひけをとらぬ、充実した社会福祉の網の目が人びとの生活の基盤を確固たるものとしております。

戦いが終ったころ、多くのドイツ人が自らのパスポートをかくしたり、他国のパスポートと交換しようといたしましたが、今日われわれの国籍をもつことは、高い評価を受ける権利であります。

傲慢《ごうまん》、独善的である理由はいささかもありません。しかしながらもしわれわれが、現在の行動とわれわれに課せられている未解決の課題へのガイドラインとして自らの歴史の記憶を役立てるなら、この四十年間の歩みを心に刻んで感謝することは許されるでありましょう。

――第三帝国[*13]において精神病患者が殺害されたことを心に刻むなら、精神を病んでいる市民に温かい目を注ぐことはわれわれ自身の課題であると理解することでありましょう。

――人種、宗教、政治上の理由から迫害され、目前の死に脅えていた人びとに対し、しばしば他の国の国境が閉ざされていたことを心に刻むなら、今日不当に迫害され、われわれに保護を求める人びとに対し門戸を閉ざすことはないでありましょう。

——独裁下において自由な精神が迫害されたことを熟慮するなら、いかなる思想、いかなる批判であれ、そして、たとえそれがわれわれ自身にきびしい矢を放つものであったにせよ、その思想、批判の自由を擁護するでありましょう。

——中東情勢についての判断を下すさいには、ドイツ人がユダヤ人同胞にもたらした運命がイスラエルの建国のひき金となったこと、そのさいの諸条件が今日なおこの地域の人びとの重荷となり、人びとを危険にさらしているのだ、ということを考えていただきたい。

——東側の隣人たちの戦時中の艱難《かんなん》を思うとき、これらの諸国との対立解消、緊張緩和、平和な隣人関係がドイツ外交政策の中心課題でありつづけることの理解が深まるでありましょう。双方が互いに心に刻み合い、たがいに尊敬し合うことが求められているのであり、人間としても、文化の面でも、そしてまたつまるところ歴史的にも、そうであってしかるべき理由があるのであります。

(さる三月、就任した)ソ連共産党のミハイル・ゴルバチョフ書記長は(ペレストロイカを唱え)、ソ連指導部には大戦終結四十年目にあたって反ドイツ感情をかきたてるつもりはないと言明いたしました。ソ連は諸民族の間の友情を支持する、というのであります。

東西間の理解、そしてまた全ヨーロッパにおける人権尊重に対するソ連の貢献について問いかけている時であればこそ、モスクワからのこうした兆《きざ》しを見のがしてはなりますまい。われわれはソ連邦諸民族との友情を望んでおるのであります。

VIII

戦いが終って四十年、ドイツ民族はいまなお分断されたままであります。

今年二月、ドレスデンの聖十字架教会での（大空襲四十周年）[*14]記念礼拝のさい、（東のプロテスタント教会の指導的立場にある）ヨハネス・ヘンペル主教は次のように語っております。

きびしい国境に遮られたドイツ人の二つの国の成立——これは心に重く、血の滲《にじ》む思いがいたします。多くの国境があること自体、心に重く、血の滲む思いがするのであります。武器は心に重くのしかかっています。

さきごろアメリカ合衆国ボルティモア市で「ドイツのユダヤ人」と題する展覧会の開会式が行われ、二つのドイツそれぞれの大使が招待されました。招待側のジョンズ・ホプキンス大学学長は二人の大使に同時に挨拶し、すべてのドイツ人が同一の歴史の地盤の上に立っていることを指摘されました。共通の過去がすべてのドイツ人を一つの絆で結びつけていて、これは喜びとも問題ともなりうる、しかしいつも変らぬ希望の源である、というのであります。

われわれドイツ人は一つの民族《フォルク》であり、一つのネイションであります。同じ歴史を生きてきたのでありますから、たがいに一体感をもっております。

一九四五年五月八日も民族の共通の運命として体験したのであり、これがわれわれを一つに結びつけております。われわれは平和への意志という点で一体感をもっております。二つの国になっているドイツの地から、平和、そして全ての国との善隣関係を拡げていかねばなりません。他の人びともドイツの地を平和への脅威とするようなことがあってはなりません。

ドイツ民族も含めた全ての民族に対する正義と人権の上に立つ平和、ドイツに住むわれわれは、共にこれを希求しております。

壁に囲まれたヨーロッパが、国境越しに心からの和解をもたらすことはできません。国境がたがいを分け隔てるものではない大陸でなくてはなりません。第二次大戦の結末はまさにそのことをわれわれに告げております。五月八日が、すべてのドイツ人を結びつける史上最後の日付でありつづけることはない、と確信いたしております。

IX

大戦から四十年の今、過去についてこうも活発な論議が行われているのはなぜか——この何か月かの間にこう自問したり、われわれに尋ねたりした若い人たちがおりました。二十五周年、三十周年のときより活発なのはなぜか、というのであります。これはいかなる内面の必然性によるのでありましょうか。

こうした問いに答えるのは容易なことではありません。外側からの影響があったことも疑いのないところではありますが、そこだけに理由を求めてはなりますまい。

人間の一生、民族の運命にあって、四十年の歳月は大きな役割を果しております。ここで改めて旧約聖書を開くことをお許しねがいたい。信仰の如何にかかわりなく、あらゆる人間に深い洞察を与えてくれるのが旧約聖書であり、ここでは「四十年」が繰り返し本質的な役割を演じております。

古代イスラエルの民は、約束の地に入って新しい歴史の段階を迎えるまでの四十年間、荒れ野に留っていなくてはなりませんでした(出エジプト記、民数記)。

当時責任ある立場にいた父たちの世代が完全に交替するまでに四十年が必要だったのです。

しかし、ほかのところ(士師記)には、かつて身に受けた助け、救いは往々にして四十年の間しか心に刻んでおけなかった、と記されております。心に刻んでおくことがなくなったとき、太平は終りを告げたのです。

ですから、「四十年」というのは常に大きな転機を意味しております。暗い時代が終り、新しく明るい未来への見通しが開かれるのか、あるいは忘れることの危険、その結果に対する警告であるのかは別として、四十年の歳月は人間の意識に重大な影響を及ぼしております。こうした両面について熟慮することは無意味なことではありません。

われわれのもとでは新しい世代が政治の責任をとれるだけに成長してまいりました。かつて起ったことへの責任は若い人たちにはありません。しかし、歴史のなかでそうした出来事から生じてきたことに対しては責任があります。

われわれ年長者は若者に対し、夢を実現する義務は負っておりません。われわれの義務は率直さであります。心に刻みつづけることがきわめて重要なのはなぜか、このことを若い人びとが理解できるよう手助けせねばならないのです。ユートピア的な救済論に逃避したり、道徳的に傲岸《ごうがん》不遜《ふそん》になったりすることなく、歴史の真実を冷静かつ公平に見つめることができるよう、若い人びとの助力をしたいと考えるのであります。

人間は何をしかねないのか——これをわれわれは自らの歴史から学びます。でありますから、われわれは今や別種の、よりよい人間になったなどと思い上がってはなりません。

道徳に究極の完成はありえません——いかなる人間にとっても、また、いかなる土地においてもそうであります。われわれは人間として学んでまいりました。これからも人間として危険にさらされつづけるでありましょう。しかし、われわれにはこうした危険を繰り返し乗り越えていくだけの力がそなわっております。

ヒトラーはいつも、偏見と敵意と憎悪とを掻きたてつづけることに腐心しておりました。

若い人たちにお願いしたい。

他の人びとに対する敵意や憎悪に駆り立てられることのないようにしていただきたい。

ロシア人やアメリカ人、
ユダヤ人やトルコ人、
オールタナティヴを唱える人びとや保守主義者、
黒人や白人、
これらの人たちに対する敵意や憎悪に駆り立てられることのないようにしていただきたい。

若い人たちは、たがいに敵対するのではなく、たがいに手をとり合って生きていくことを学んでいただきたい。

民主的に選ばれたわれわれ政治家にもこのことを肝に銘じさせてくれる諸君であってほしい。

そして範を示してほしい。

自由を尊重しよう。

平和のために尽力しよう。

公正をよりどころにしよう。

正義については内面の規範に従おう。

今日五月八日にさいし、及ぶかぎり真実を直視しようではありませんか。

*1　シンティ、ロマは、英語のジプシー、ドイツ語のツィゴイナーの自称。シンティ（あるいはジンティ）は約六百年来、ドイツを生活圏にしている人びと、ロマは「人間、男」が原義で、いま広義では自らの種族をいう。約五十万人が殺害されたというナチの時代のはげしい迫害と分かちがたく結びついているため、一九七〇年代末ころから（ジプシーはともかく）ツィゴイナー（チゴイネル）の他称は歴史的用法に限られるようになっている。

*2　人種法とは一九三五年ニュルンベルクでのナチ党大会で制定された反ユダヤ人を目的とする一連の法律（ニュルンベルク法とも）。国籍の剥奪、非ユダヤ人との結婚禁止などを規定した。

*3　過去を克服する＝「克服する」と訳したドイツ語の bewältigen は、「ケリをつける」「終りにしてしまう」という意味と、これとはほとんど反対の「内面的に十分に理解して自分のものとする」の両義がある。「過去の克服」という場合、多くは後者の意味である。しかし、ここでは大統領は、前者の意味で使っている。

*4　原語の Versöhnung を「心からの和解」と訳した。原語は*10の Sühne という語を含み、キリスト教の言葉としては神との和解、神による赦しを意味する。世俗、日常の「和解」では済まない。

*5　米ソ両軍が東西から進撃、エルベ河畔トルガウ近くで邂逅したのは、一九四五年四月二十五日、ドイツ降服の直前で、反ファシズム戦線の勝利のシンボルでもあった。八五年、当時は東ドイツ領の同地にかつての米ソ兵が集まって往時をしのびあった。

*6　ダンツィヒは現在のグダニスク（ポーランド）。十二世紀以来ドイツ人が住みついていたが、第一次大戦後自由市となり、ポーランドの影響が強くなった。一九三九年三月、ヒトラーはこの市のドイツ併合などをポーランドに要求、拒否され、第二次大戦への直接の導火線になった。

*7　ワルシャワは一九三九年九月ドイツ軍に占領され、以後解放までの間に五十四万人が殺され、二十万人以上が行方不明となり、十六万人が生存していただけという。人口の四分の一はユダヤ人だったが、ゲットーに閉じこめられ、四三年武装蜂起に失敗して徹底的な弾圧をうけ、三十万人のうち生きのびたのは二百人だった。旧ゲットー跡は復元はされず、記念碑などがある。ブラント元首相は七〇年十二月、ポーランドとの国交正常化条約に署名するためワルシャワを訪れ、この記念碑の前でくずおれるようにひざまずいて花束をささげた。

*8　プラハ西郊のリディツェは人口四百人余の寒村だったが、ボヘミア・モラビア地方の総監代理が一九四二年六月、

レジスタンス組織に暗殺されたことに対する報復として、男たちは銃殺、女性と大部分の子どもは強制収容所に送られた。

＊9　「復讐主義」は、旧ソ連東欧諸国が西ドイツを非難するための常套語。右翼による旧領土の回復要求はもちろん、当時の国境が平和条約による最終決定をみたものではないとの純粋に法理論の上にたつ議論にいたるまで、しばしばこの語で攻撃してきた。かつてのドイツの拡張主義への警戒心にみちみちた表現。

＊10　原語は Aktion Sühnezeichen. 五〇年代から活躍しているプロテスタント系の団体。イスラエルなどで無償の奉仕をつづけるほか、平和運動でも重要な役割を果してきた。

ここで「贖い」と訳したSühneについて、この団体は「物質面での補償、弁償とは無縁で……この言葉は、われわれが歴史の経験に学び、過ちを告白し、考え方を転換し、誤った道から立ち直り、そして新しい道を捜さねばならないことを意味している」と説明している。＊4参照。

＊11　フランスのジャン・モネ計画局長（一八八八〜一九七九）の構想にもとづきロベール・シューマン外相（一八八六〜一九六三）が西ヨーロッパの経済統合構想を提案、西ドイツのコンラート・アーデナウア首相（一八七六〜一九六七）、それにイタリアのアルチーデ・デ・ガスペリ首相（一八八一〜一九五四）が同調して今日のヨーロッパ連合EUの基礎を築いた。みなカトリックで、モネ以外の三人はそれぞれ係争の多かった隣国との国境地帯で育ったことは興味ぶかい。

＊12　一九四九年に成立した西ドイツの基本法は占領軍による制約が多く、独立、統一までの暫定的なものとの含みで、「憲法」の名を避け、こう呼ばれてきた。数十回の改正を経て九〇年に東西ドイツが統一されたあともこの名は引き継がれ、統一ドイツには憲法はなく、基本法があることになる。

＊13　ドイツ語の帝国《ライヒ》は独特のニュアンスをもつ。「大ドイツ帝国」を自称したヒトラーのドイツは、神聖ローマ帝国（九六二〜一八〇六）、ドイツ帝国（一八七一〜一九一八）を継ぐ「第三帝国」とも俗称される。

＊14　東からの難民であふれかえる非軍事都市ドレスデンに対し、イギリス及びアメリカ空軍は一九四五年二月十三日夜から翌未明にかけ、のべ千機以上の爆撃機を投入して猛襲を加えた。このため、非戦闘員の死者は一夜で三万人以上にのぼったと推定されている。

聖書の邦訳は、明治期の文語訳から現行のさまざまな口語訳にいたるまで「曠野」または「荒野」と書いて「あらの」と読む例が圧倒的に多いが、ここでは新共同訳と同じく「荒れ野」を書名に採用した。

解説——若い君への手紙

永井清彦

ここにあるのは今から四半世紀以上も前、たぶん君が生まれてもいない一九八五年五月八日、東西に分裂していたころの西ドイツの大統領が、それからさらに四十年前にドイツが無条件降服した日を記念して行った演説の日本語改訳版だ。なんだ、遠い昔についての遠い国の政治家の演説か、とここで放りだすのはちょっと待ってほしい。

第一にここでいう政治家は「次の選挙を考える政治屋《ポリティシャン》」ではない。「次の世代を考える政治家《ステイツマン》」で、じっさい、演説は「若い人たちにお願いしたい」ではじまる節で結ばれている。「演説」「ドイツ」と並ぶとすぐに連想されるのは、大げさな身振りの獅子吼《ししく》、チャプリンの名画『独裁者』で戯画化された主人公の熱演だろうが、それとはまるで違う。演説は「つねに迫力を備え、聴衆がしだいに強く真実の重みを感じてゆくように配慮」されていなければならないといった十七世紀フランスの神学者がいたそうだが、この言葉を指針にして何か月もの準備を重ねた演説で、ドイツではこれぞ極めつけという意味で定冠詞をつけ、Die Rede《ディ・レーデ》(今ふうの日本語でいえば「ザ演説」かな)といわれることさえある。

いまの日本では「演説」は死語に近い。政治家の言葉といえば空疎な羊頭狗肉、というのは言いすぎだろうが、「公約」といったのでは信用がないので、マニフェストと言いつくろう国だ。

非難し、けなすばかり、いい言葉で高い理念を説く演説を聞くことはほとんどない。

そんなことをいうのもここに収めた演説の訳文が古めかしく、むずかしい漢字が使ってあることの言いわけをしたいからでもある。ドイツ語の演説原文には、いわゆる雅語も使われたりしてとても格調が高い。それをなんとか再現したいと願っての苦肉の策なのだ（この手紙の文体と違っていることにもう気づいていることだろう）。

モノだけではない、言葉もあふれかえり、使い捨てられ、未曾有のはずの事件も翌日には忘れ去られる時代だ。そんななかを「真実の重みを感じさせる」この演説は遠い日本でもずっと生きつづけてきた（日本では旧訳がこのブックレットの形で版を重ねてきた）。これからも読まれてほしいとぼくは願っている。じっくり読むのに価《あたい》する、と信じている。

演説の全文は読んだことはなくても、「過去に目を閉ざす者は結局のところ現在にも盲目となります」という文句は聞いたことはないだろうか。それに歴史の真実を「心に刻む」という言葉はどうだろう。

どちらもドイツでも日本でも引用されることが多く、たしかに演説の核心をつく言葉だ。演説では最初と最後に「できるかぎり真実を直視する」ことの大切さが繰り返されているけれど、どれも同じ主旨だ。

ただ「心に刻む」というのはやや耳慣れない日本語だし、演説のなかで大統領がわざわざもとのドイツ語が「歴史における神のみ業を目のあたりに経験することだ」などとの説明をしているのはどうしてなのだろう。

もとのドイツ語 Erinnerung は日常ごくふつうに使われる言葉だが、独和辞典をみても「記憶、回想、思い出(の品)」などの訳語がでているだけで、「心に刻む」とはどこにもないはずだ。フロイト心理学では「想起」と訳されるのだが、大統領はこの語に含まれている -inner-「内面」の部分をとても重視し、ふつうの意味から一歩も二歩も先に進めて「内面化する」「血肉とする」というニュアンスを強調していて、その点をわざわざ説明しているのだ。英語でいえば remember に当たる単語だが、remember Pearl Harbor 真珠湾《パール・ハーバー》 を忘れるな、というときの「仕返し、報復」の響きはまったくない。

大統領は、日常の言葉を、詩人のように、リフレッシュしているのだ——とはわかっても、ここから「心に刻む」という日本語訳に到着するまでが厄介だったのだが、これについては、今はこれまでとしよう。ここではまず、直視し、「心に刻む」ことを大統領が求める遠い国の遠い昔の真実を振り返ってみよう。

ドイツにとって四五年五月八日は第二次大戦降服の日だ。

絶叫型の演説の名手ヒトラーが自殺(「戦死」とドイツ側は発表)したのが四五年四月三十日、五月八日にはドイツ軍が連合国に無条件降服し、戦争がヨーロッパでは終わった。だから英語ではこの日を Victory in Europe《ヴィクトリーインユーロップ》 略して V・E・Day と呼んでいる。

アジア・太平洋での戦闘はつづいていた。日本が天皇の名で降服宣言をするまでまだ三か月余あったが、東京はじめ大都市はすでに空襲で一面の平らな焼け野原だった。

空襲を浴びたドイツの都市には瓦礫の山が骸骨のように残されていた。首都ベルリンは空襲にくわえて中心部でも地上戦が行われ、教会まで廃墟になっていた。

「終戦」などと言いつくろう余力はない。ドイツは崩壊し、ヒトラーの唱えた「大ドイツ帝国《ライヒ》」は無残な残骸になっていた。ドイツは二つの大戦で二度目の敗戦だった。

はじめの、当時は「偉大な戦争《ザ・グレイト・ウォー》」ともいわれた第一次大戦では四つの帝国が消えた。オーストリア・ハンガリー、ロシア、オスマン・トルコ、そしてドイツ帝国だ。

ドイツは帝政を廃止、当時としては世界一民主的といわれるほどの、いわゆるヴァイマル憲法を採択して共和制になり、皇帝は大統領に代わった。

非常に人権を尊重して民主的だが、徹底した比例代表制を採用して小党乱立を避けられず、大統領は「代理皇帝」とまでいわれるほど権限があった。「紙の上では美しい」、つまり条文だけはいいが、いかにもひ弱、と皮肉られた。

ドイツはヴェルサイユ条約で途方もない額の賠償金をいいわたされ、領土は戦前の五分の四に削られ、軍備はきびしく制限された。勝った側にもあまりに苛酷との声があったくらいで「紙の上でも醜い」条約を基盤にした戦後体制にドイツ人は大いに不満だった。

右派は、左翼の国内での反乱、「背後からの一突き」が敗戦の原因になった、その左翼が中心の政府がヴェルサイユ条約を結んだ、という論法で左翼を攻撃して国民の不満を吸収、勢力を伸ばすことに成功していく。二〇年代の終わりから世界恐慌が始まり、震源地のアメリカにもドイツにも失業者が街頭にあふれた。ドイツでは一時、失業者六百万人、率にして就業者の三〇％《パーセント》以上になった。

政党が乱立し、十四年間に二十の内閣といった不安定な政治に人びとは嫌気がさし、指導者《フューラー》——この言葉を日本では「総統」と訳す習わしだ——を自称するヒトラーに傾斜していき、ナチ党は選挙で最高三七％《パーセント》も得票した。けっして力ずくで独裁者の地位を手に入れたのではない。ヴァイマル憲法が脆弱だった、というのはこの辺の事情を指している。

共和制が独裁体制に変じてしまった。ヒトラーの欲望はヴェルサイユ体制の修正にとどまらなかった。もう一つの独裁体制ソ連と組んでポーランドを分割する密約を結び、そのうえにたってポーランドに侵攻したのが三九年九月。イギリス、フランスがポーランドの側にたってドイツに宣戦を布告した。これが第二次大戦の発端だ。

じつはたがいに敵視しあったうえでの独ソの密約だから、狸と狐の騙《だま》しあいのようなもので、「不可侵」の約束が長く続くはずはない。二年後の四一年六月、ヒトラー・ドイツはソ連を攻撃し、ドイツは東西両方の戦線で戦うことになった。冷静な目はドイツの負けの始まり、とみてとったが、その半年後ドイツの側にたってアメリカを攻撃したのが日本だった。

六年間に及ぶ戦いは終わった。二度目の大戦にドイツはまた敗れた。ヒトラーのいう「大ドイツ帝国」の夢はさめ、人びとの表情はうつろだった。街は瓦礫の山。

食料の配給はないし、水道さえ止まっている。住まいもなければ新聞もない。ないない尽くしのこのころをドイツ人は「零　時《シュトウンデ・ヌル》」と呼ぶ。

男たちは戦死か、さもなければ捕虜になっているから、街には女子どもと老人だけ。ベルリンを占領した中央アジア出身のソ連兵に女たちが手当りしだいに暴行されている、との話がドイツ人の間にたちまち広がっていく。

一方、戦いに勝ったはずの国の被害も大きく、国土は荒れ果てていた。とくにドイツの東側では勝者の被害は敗者のそれをはるかに上回った。

いまのウクライナなどを含むかつてのソ連は、たび重なる激戦で国土は荒廃、死者は二千四百万人とも二千七百万人ともいい、人口比にするとほぼ七人に一人の割合だった。

ポーランドの死者は六百万前後、人口比では六人に一人。

両国の死者のうち、それぞれ二百二十万、三百万ほどがユダヤ人だった。それぞれの国内のユダヤ人の七、八割にあたる。多くが強制収容所やゲットーで殺されたのであって、戦闘によってではない。生き延びた多くはアメリカ、イスラエルに移住していった。

殺されたユダヤ人はハンガリーにも約五十万人いて、ユダヤ人の死者はふつうひとくちに「六百万人」と推計されているが、五百万強という研究もある。

多くがアウシュヴィッツ強制収容所のガス室などで殺されたことはよく知られていて、そこでの死者はポーランド人なども含めてながらく四百万ということになっていた。いかにも多すぎる、と囁《ささや》かれていたが、これが百五十万人程度と公式に修正されたのは九一年にソ連が崩壊したあとのことだった（その後、さらに下方修正されている）。

ユダヤ人、ポーランド人、ロシア人の被害がとびぬけて多いのはナチの反ユダヤ、反スラヴの人種政策による結果で、だから「人種絶滅戦争」ともよばれる。

ただし、西側では規模こそ大きいけれど「通常の戦争」で、フランスの死者は軍人、市民合わせて五十八万、同様にイギリスは三十九万というのがドイツとフランスの高校用共通教科書にでている数字だ。それぞれ人口の百人に一・五人、一人の割合になる。東側での被害者とは格段の差があったが、ドイツに過去七十年に三度も攻め込まれたフランスの憎しみははげしかった。

ドイツの東の悲劇の舞台では、昨日までの加害者が一転して被害者になっていった。

連合国は、ドイツ東部の広大な——北海道と四国を合わせたよりも広い——土地をポーランド、ソ連の「管理下」におき、残る四分の三を四大国で分割占領、ベルリンは共同で占領することなどを申し合わせていた。ドイツは八つ裂き同然だった。

ポーランドはドイツの土地を手に入れて領土を拡げたかにみえるがそうではない。ソ連が自国の国境線を西へと押し拡げ、これを埋め合わせる形でドイツの土地を割り当てられたのだ。国全体を西の方向に二百五十キロも移動させられるかたちの、いわば「国引き」だった。あらたにソ連の統治下におかれたポーランド東部の土地にはロシア人が移住し、追い出されたポーランド人はかつてのドイツ領に住みついていった。

それに先立ってドイツ人が永年住みなれた土地から根こそぎ追放されていた。

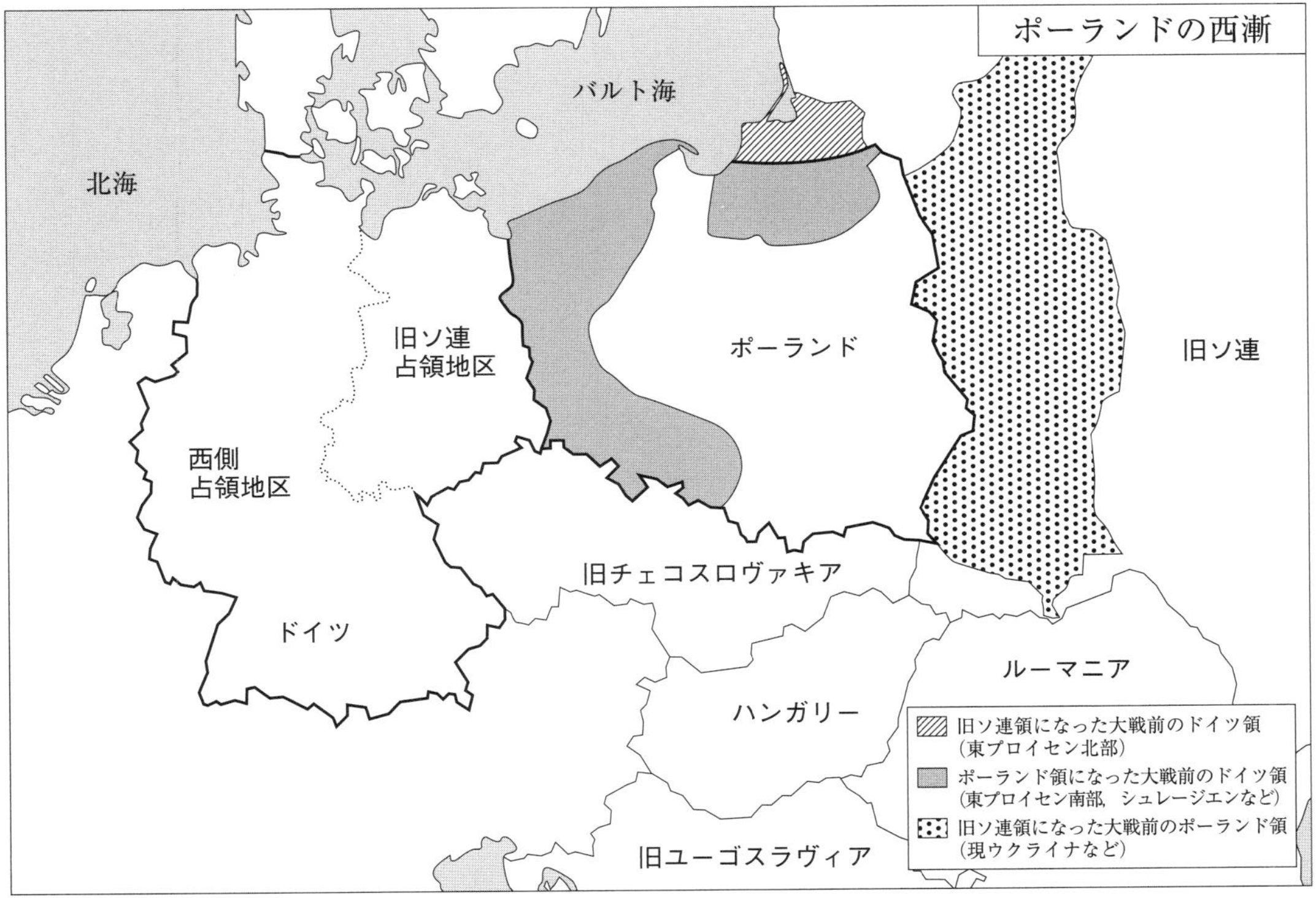

1918年に復活したポーランドの第二次大戦前・後の国境を示す．戦後は東側の領土を(当時の)ソ連にゆずり，西側では旧ドイツ領に大きく食い込んでいる．Deutsche und Polen (Bundeszentrale für Politische Bildung, 1991)などから作成．

チェコスロヴァキアも、二百九十万から三百五十万ともいう国内のドイツ人を追放した。ほかにもハンガリー、ルーマニアなど各地のドイツ人も同様の目に遭《あ》った。

これら東ヨーロッパ各地から追放されたドイツ人は合わせて千二百万人。見知らぬ母国へ逃れていく途中、飢えや地元民による報復などさまざまな形で命を失ったのが二百万人とも、最近では六十万ともいう。

二度目の大戦は、被害と加害、統計は十万、ときには百万人単位で揺れる。

うちひしがれたドイツ人が戦争犯罪の罪を問われることになった。戦勝国によるニュルンベルク国際軍事裁判が四五年十一月から開かれたのだ。ドイツ人哲学者カール・ヤスパースが『罪の問題』(原著、四六年。邦語では橋本文夫訳『戦争の罪を問う』平凡社ライブラリー)でいうところでは「戦勝国の権力と意志」とによる「政治上の罪」が審判されることになった。

罪状は、不戦条約に違反して「平和を乱した罪」、そして非戦闘員に危害を加えてはならないという「戦争法規に反する罪」、それに「ヒューマニティ——人道、人間性とも人類(社会)、人間性とも訳せる——に反する罪」、の三つに整理されるのだが、ドイツの名による東での蛮行、ユダヤ人、そしてポーランド、ロシア人の大量殺戮はこの第三にあたる。第一、第二については負けたドイツの側にも言い分がなくはないし、連合国の方にもりっぱな戦争法規——戦争の仕方についての申し合わせだ——違反があったが、戦に勝った方が政治上の罪を問われることはないのは、ヤスパースがいうとおりだろう。

だが、「ヒューマニティに反する罪」については、「詩人と思想家の国」のはずのドイツ側にぐうの音もでない。いまの惨めさに目を奪われ、かつての所業については口ぐちに「知らなかった」というのが普通のドイツ人たちの反応だった。

そこへ冷戦がのしかかってきた。ヒトラーが敵のうちは手をつないでいた資本主義のアメリカと社会主義のソ連が戦後は敵味方になって、いつ三度目の世界大戦になるか分からない、もしなれば人類の終末になる危険をはらんでいた。ドイツは二つに裂かれ、それぞれの陣営の最前線に立たされる。「ドイツ連邦共和国」「ドイツ民主共和国」と名乗ったが、国とはいってもともに主権の制限が大きかった。

ソ連を主《あるじ》とする社会主義体制に組み入れられたドイツ民主共和国（東ドイツ）は、賠償をきびしく取り立てられ、「ゼロ」ではなく「マイナス」からの出発だった。しかも社会主義の経済運営は不振がつづいた。五三年六月には労働強化が暴動を招き（戦後の東ヨーロッパ圏で最初の暴動だった）、六一年八月にはベルリンに悪名高い「壁」を作った。優れた労働力が西へ流失するのを防ぐためだった。つねにドイツ連邦共和国（西ドイツ）の活況からは遠く、なによりも自由のない社会だった。

＊　チェコスロヴァキア……一九一八年の建国以来、人口約千三百六十万人の四分の一近くをドイツ系住民、いわゆるズデーテン・ドイツ人が占めていた。

雪中を馬車に家財を積んで西に逃れていくドイツ難民．『シュピーゲル』誌2002年3月25日号の表紙だが，戦後になってからのポーランドなどからの追放をドイツ人が公然と語れるようになったのは1980年代になってからのこと．

指導者たちは共産主義者で、ナチスに迫害される苦い経験をなめていたこともあって、ヒトラーの時代の犯罪とは無縁、との姿勢で、そのころの責任はとろうとしない。反面、オーダー・ナイセ線をはやばやとポーランドとの国境と決め(させられ)ていた。

歴史の負債を一手に背負いながら、みごとに復興したのは西ドイツだ。アメリカの「マーシャル計画」で豊富な資金の援助をうけ、「社会的市場経済」と名づける経済体制で五〇年代にはすでに「奇跡」と呼ばれる復興ぶりだった。

「負担調整」*という独自の仕組みのおおがかりな所得移転策もあって膨大な数の被追放民をみごとに吸収し、五〇年代末には労働力不足になるほどだった。庶民は「むしゃむしゃブーム」ということばに酔い、犯した罪を深刻に考える余裕はなかった。

この国で采配を振ったのは「ご老体《デア・アルテ》」ことアーデナウアで、四九年に初代首相に就任したときすでに七十三歳。以来、六三年まで在任し、辞めたのは八十七歳。

東西ドイツの統一はさしあたりは不可能とよみ、隣人フランスと、離れたところの友人アメリカとの関係の強化・改善にとくに力をそそいだ。

五一年、フランスなど西側の近隣五か国と主要産業を共同で管理するための国際組織、ヨーロッパ石炭鉄鋼共同体ＥＣＳＣの設立が決まった。いまのヨーロッパ連合ＥＵの原型だ。フランスとドイツの長年の抗争は、両国にはさまれた資源の豊かな地域の奪い合いに一因があった。だからこれを共有財産にして、争いの種を除こうというのが基本になる考え方だった。

西側の雄アメリカとの関係が経済的にも、政治的・軍事的にもきわめて大事なことはいうまでもない。そこではユダヤ人が多く、経済力もあれば、政治上の発言権ももち、ドイツ人にきびしい警戒の目を向け、ことごとに「ナチの復活」の警鐘を鳴らした。

そこでアーデナウアは五二年、イスラエルと、「ユダヤ人対ドイツ物質要求会議」の名の団体に三十四億五千万マルクという膨大な額の償〝品〟を十二年以内に引き渡す協定を結んだ（当時の西ドイツの国家予算は二百三十億マルク）。現金での支払いではない。だから西ドイツにしては国費で国内産業の振興をすることでもあった。嫌われもののドイツの、「かぶと虫」のあだ名のフ

＊　負担調整……第二次大戦での戦災、東ヨーロッパ各地からの追放などにより大きな被害を受けた人たちに対し、被害を受けなかった人びとからの課徴金を主な原資にする補償制度を決めた「負担調整法」ができたのは五二年。巨額の所得移転は、戦争による「恣意的な重荷」をできるだけ公平に分担しようとの考えに基づいていたが、統一後は旧東ドイツの人びとの負担にも適用されている。

ォルクスヴァーゲン車がイスラエルを走り回ることになった。

多額の支払いにはドイツの与党に反対が多かったが、この措置がイスラエル、そしてアメリカのユダヤ人との関係改善に大きく寄与したことに異論はない。しかもユダヤ人を含むナチズムの犠牲者への補償は、これで終わりになったわけではない。

経済統合、軍備・NATO加盟、それと主権回復・独立が複雑にからみあう多元方程式を解きほぐして、西ドイツが西側だけとの事実上の講和条約を締結して、占領状態を抜けだしたのは、降服から十年後の五五年五月だった（日本は一足早くて五一年九月）。

ただし、これはあくまで西ドイツと西側三国だけとの取り決め。ソ連、ポーランドが「管理下」におき、事実上の併合が既成事実になっていくオーダー・ナイセ河以東の領土問題は棚上げされたままだった。ドイツが何百万ものスラヴ人の命を奪い、そしてまた何百万ものドイツ人の故郷《ハイマート》である土地の帰属問題は残されていた。しかも、スラヴ民族に対する蔑視、共産主義に対する敵意がこれに上塗りされていた。つまり、東側にはもう一つの多元方程式が手つかずで残されていた。

以上がアーデナウア首相の「過去政策」「西側統合政策」のごくあらましだ。そのあと六〇年代の西ドイツでは首相が三人も代わった。政治が不安定になっていることを示唆している。転換期というか、転換の準備のための時代で、東との和解を探る声がではじめていた。

六〇年代末になると学生・若者で社会は大騒ぎになった。戦後生まれが成人になり、親の世代の罪を直視するようになったのも大きな要因の一つだった。ヴェトナム戦争が自由の守り神のはずのアメリカの素顔をさらけ出していた。

六九年秋に政権が社会民主党に移り、ブラント首相の「東方政策」の時代になった。西側との和解の上にたって、冷戦の敵、共産圏諸国との和解をすすめる機運が具体化していく。

背後にいるソ連との秘密交渉を経て、けっきょくオーダー・ナイセ線は「武力では変更しない」ことでポーランドと合意し、東ドイツとは「一つのネイションだが、国《ステイト》としては別々」だということにして領土の縮小・分断の現状を認め、つじつまを合わせたのが七〇年代はじめの「東方政策」だった。

保守の側の反対ははげしかった。八〇年代はじめ政権にもどったとき、なんのことはない、この外交政策をそのまま継続するのだが、このときは党利党略からの猛反対だった。

東西ドイツは七三年にそれぞれに国連に加盟した（日本は五六年）。国際的には別々の独立国と認められたわけだが、西ドイツでは東西ドイツが「互いに外国ではない」との建前にしていた。そして正統なドイツの歴史を継ぐのは自分たちであると主張するのはいいとしても、そうであれば「部分国家」西ドイツがナチの時代も自らの歴史の一部として認め、過去の罪も一身に背負い込まざるをえない。

西ドイツは「経済の大国、政治の小国」と自嘲する時期を過ぎ、七〇年代には「モデル・ドイツ」を自賛、国際政治の上でも一応の大国になっていく。ただしベルリンは依然として占領状態のままだったし、冷戦の雲行き次第ではヨーロッパの真ん中の二つのドイツが一つの戦場になりかねないのが多くの人の気がかりだった。

人びとは暗い雲の下、自信と安心を求め、苦しんでいた。

社会民主党十三年の治世のあと、八三年にキリスト教民主同盟のコール首相が登場、その機運に応えようとしているかのようだった。

八四年一月、イスラエルを公式訪問し、国会《クネセット》での演説で「後から生まれた者の恩恵……に恵まれて、ナチの時代に罪に陥ることがなかった」と発言した。三〇年生まれの自分は敗戦時に十五歳、子どもだった自分に戦争責任はなかろう、自分より若い世代も同様だ、というのだ。しかも、「ヤド・ヴァシェム」(一般に「ホロコースト記念館」といわれる)を訪れた際には、館員の説明に「知ってる、知ってる」と言わんばかりの応答をして、おおいに顰蹙《ひんしゅく》をかった。

じつはドイツ人の間には暗黙ないしは言葉少ない支持があったにせよ、公にはあまりにも無神経、と不評だった。

六月、ロンドンでの先進国首脳会議《サミット》に先立ち、連合国軍の四四年のノルマンディー上陸作戦を記念する「勝利の祝典」が行われた。「勝利」の祝典だから敗戦の(西)ドイツは招かれない。サミットの一員というのに「旧敵国」扱いされ、ドイツ人はおおいに自尊心を傷つけられていた。

九月、コール首相はフランスのミッテラン大統領と一緒に、第一次大戦の激戦地ヴェルダンで手を取り合って和解を演出した。双方にそれぞれ三十万以上の死傷者をだした激戦地だが、最初の大戦に二度目の大戦でのようなこだわりはなく、この時はことは無事に済んだ。

八五年のサミットは五月に西ドイツの首都ボンで開かれようとしていた。大戦終結四十周年でもあったから、並行してそれを記念する式典も予定されていた。西ドイツはもはや「旧敵国」としてではなく、和平を結んだ一員としての立場で臨もうとした。

その折りを利用して、アメリカのレーガン大統領がコール首相と一緒にドイツ兵の墓地に参拝することになったのだが、ここに旧武装親衛《SS》隊員の墓もあったことから、ことにアメリカのユダヤ人からの猛反発が起こった。たしかにＳＳはニュルンベルク裁判で犯罪組織と断じられてはいたが、ふつうのドイツ兵とは違うにせよ、四〇年代になってからのＳＳ隊員は「義務兵役制」で〝徴兵〟されており、初期の狂信的なＳＳと違っていたのだ。しかしそのあたりは無視された。

結局、レーガン大統領はコール首相と並んで墓参を強行した。が、ドイツ兵の墓地にアメリカの大統領の参拝、という形で両国民の和解を演出する目論見は外れた。

当面の狙いが外れたことの得失は別として、西ドイツとしては西側の世界で認められ、格上げされていくにつれ、東との距離は遠くなり、分裂が固定されて、統一がますます非現実的になっていく、というジレンマから抜けだせないでいた。四国の共同占領下にある陸の孤島ベルリンの将来についてもまるでめどが立たないありさまだった。

このような政治の世界での「イメージ・アップ作戦」をみながら、ジャーナリズムの世界では年初から「敗戦から四十年」の議論が百出していた。『シュピーゲル』誌は年頭の号で、ベルリンの廃墟を背に放心して座り込む兵士の写真をカバーにする「崩壊——一九四五年五月八日」を特集、連載もののスタートを切った。リベラルな『ツァイト』紙も、年初から歴史家、哲学者、作家たちの「戦後四十年論」を連載しつづけていた。テレビでも特別番組がつづき、書店のショウ・ウィンドウは関連の書物で埋まっていた。

すでに三月末、ある著名な政治学者が「五月八日と聞こえだすと人びとは耳をふさぎたくなり、この日付けを見ると目を閉じたくなる」と時評に書いた。ことあるごとに「古傷」をあばかれ、歴史の細部にまでメスを入れて繰り返される重苦しい論議には「いつまでルーペの下に置かれつづけるのか」といううめき声も聞こえていた。

そんな感情を代弁したのは西ドイツ歴史学界の大御所ゴーロ・マンの「傷口をひらく記念日」という『ツァイト』紙掲載のエッセイだったろう。父のトーマス・マンとともにナチと闘った実績をもつゴーロの論文は、近い過去を論じ合うことが「国論」の分裂を助長することに警告していた。「ラウンド・ナンバーではない」四十周年にわざわざ「傷口」を暴くまでもあるまい、とも書き、ポーランドなどからのドイツ人の「追放」を「ヒューマニティに対する罪」と呼んだ。ナチの時代、ユダヤ人・スラヴ人に「ヒューマニティに対する罪」を犯したドイツ人が、今度はその罪の被害者になったという論法だった。「アウシュヴィッツ」を声高に論じながら、「追放」を語るのにおずおずしていなくてはならない無念さを映していた。

英米機によるドレスデン市街猛撃は論じない。四十年論議にうんざり、というマンの姿勢が見え見えだった。

大統領の演説はそんな渦潮のなかに投じられた一石だった。「ラウンド・ナンバーではない」ことを理由に四十年論議に異を唱えたゴーロ・マンに、大統領はかねて愛読する旧約聖書を引いて反論した。

演説は冒頭に「五月八日」が戦いとその結果としての「辛酸を心に刻む」とともに「われわれの歴史の歩みに思いをこらす日」であると述べ、「過去に目を閉ざす者は結局のところ現在にも盲目となる」と警告した。と同時に歴史を「心に刻む」ことは「捕囚」の状態から「救い」出されることに通じる、とユダヤ人の格言*を引いて指摘した。

歴史を振り返るのは重苦しくもあるが、自由をもたらすものでもあり、「五月八日」は解放の日である、とも断言した。ドイツ語で「解放《ベ・フライ・ウング》 Be-frei-ung」とは「自由《フライ》 frei にすること」だとは語形からもすぐに分かる。「自由」を最高の価値と見なす大統領は、歴史を「心に刻む」とは自らの過去を前にただうなだれていることではなく、「救済」であり、自由への道を拓くもの、との確信を語っているのである。

＊　ユダヤ人の格言……十八世紀のユダヤ教信仰復興運動ハシディズムの祖バール・シェム・トーヴの言葉。引用文中、Exil「捕囚」は「追放」と訳すことが可能であり、げんに旧訳ではそうしてあった。しかし、占領、分断の戦後ドイツの運命に近づけて解するなら、「捕囚」がより適訳であろう。一方、「救い」の原語は「解放」とも訳しうる語である。

その上で大統領は、「一つの民族《フォルク》であり、一つの国民《ナチオン》」＊であるドイツ人の統一への希望を少々もってまわった言い方で語った。四年後、東西ドイツができて四十年目の八九年、ベルリンの壁は崩壊し、ドイツは分裂から「解放」され「自由」になっていくが、演説のころはまだ統一が実現するとは考えられず、ドイツの政治家が「統一」を口にするのはじゅうぶん刺激的だった。歴史は重苦しくないことを示唆するレトリック、というのが当時の受けとめ方だった。

歴史の真実を直視せよ、との大統領の誠実で率直な呼びかけに国の内外の多くの人が賛同した。作家ハインリヒ・ベルは、この文章を教科書に採用すべし、と絶賛したほどだった。

もっとも反対もあった。演説の内容をあらかじめ知ってこれに不満な与党議員三十人余りが国会を欠席、演説を聞こうともしなかった。ことに大統領が五月八日は解放の日と言いきったことには反発が大きかった。この日を転機に東ヨーロッパ各地からの追放が本格化して「多くの人びとの深刻な苦悩が始まった」ことを重視する人たちは、この日を「解放」と呼ぶことにおおいに不満だった。オーダー・ナイセの二つの河以東の土地が正式な講和条約をまたずに事実上ポーランド、ソ連に帰属することになっていることへの異議もあった。圧倒的な賛成のなか、批判、不満の声が尾を引いていく。

ここで少々脱線する。

演説から二か月ほどたった七月のある日、ドイツの新聞に「大統領の演説に四万通もの手紙が殺到した。圧倒的に賛同の内容」とあるのに気がついた。目を疑ったが、たしかに四万通とあった(その後、年末までに六万通に達したそうだ)。

当時、月刊の『世界』編集長だった故安江良介さんに事情を話すと、すぐ翻訳するようにとのことだった。「朝鮮半島問題」に精通し、南北の分断に心を傷《いた》めていた安江さんは、分裂国家ドイツのヴァイツゼッカー大統領が、のちに大統領になる金大中氏ら苦境におかれている韓国のキリスト者を助けるため、何度か韓国に足を運んでいたことを知っていた。

『世界』八五年十一月号に訳が載ると、ことに日本での「戦後見直し論」を憂慮する人たちから大統領演説に共感する投書がつづいた。安江さんはさらに当時発足してまもない「岩波ブックレット」の一冊として出版する手はずを整えていった。

もともとは題名のない演説に安江さんは「荒れ野の40年」と名付けた。演説が繰り返し旧約聖書での「四十年」に言及しているところを捉え、旧約の民の荒れ野での「処罰と恵み」の四十年、それと大戦後のドイツの苦節の四十年とを重ね合わせたのだった(だから「荒れ野の40年」というのはこの版だけの題名だ。ドイツに行ったとき、この題の演説のことを聞いて回ったが、だれも知らなかった、と新聞に投書した人がいた。罪つくりなことをしたものだ、と苦笑したことだ)。

＊　フォルクとナチオン……ドイツ語の Nation ナチオンは国家、国民、民族の、また Volk フォルクは民族、国民、人民、人びとの、いずれとも訳すことが可能で、一貫して特定の訳語を与えることはきわめて困難である。国民国家の成立が遅れたドイツでは、前者は英語の nation ネイションとも異なったニュアンスをもつ。適宜ルビを付して区別したが、ナチズム(ナショナル・ソーシャリズム)、ナショナリズムを片仮名書きにしたのも同様の理由による。

五十分ほどの演説だが、翻訳はさほど手間どるまいとタカをくくったのは大きな誤算だった。随所にキリスト教の言葉が散りばめられていて、日ごろ聖書を読み慣れていないぼくにはその一つ一つが理解も、したがって翻訳もじつに厄介だった。

たとえば注にも書いたことだが、「和解」と訳すほかないドイツ語には「贖い《あがな》」という言葉が含まれていて、この言葉は本来は神との和解、神による赦しを意味している、といった具合。ときに「心からの和解」と訳してあるが、じつは「心からの」の部分は付け足しなのだ。

そんなわけで、改訳には矢内原忠雄門下のキリスト者故西村秀夫氏にずいぶん助けていただいた。erinnern に「心に刻む」という訳語を当てたのもその作業のなかでのことだった。

ここでさらに脱線する。

旧版『荒れ野の40年』が出版されたのは八六年二月だったが、ここで訳者には思いもかけないことが起こったのだ。

八四年初秋、ぼくはポーランドのアウシュヴィッツ強制収容所跡をはじめて訪れ、いまは博物館になっているそこの副館長に会った。カトリックのポーランド人で、かつてはこの強制収容所に囚われていたが、辛うじて生き延び、ここを博物館として育ててきた人物だ。年来のドイツの友人アンドレアス・メッケル君につよく勧められて会ったのだった。

彼は（大統領演説のなかにもある）「行動・贖いの証し」というプロテスタントの団体の一員としてアウシュヴィッツを訪れ、しばらく滞在して作業をしながらそのポーランド人に「アウシュヴイッツ」を学んで以来、親交を結んでいた。

タデウシ・シマンスキさん(一九一七～二〇〇二)という副館長は、広大な収容所跡のあちこちを案内してくれた。その口から繰り返されるのは「人間への信頼」「和解」という言葉だった。「復讐の鬼では」と恐れていたぼくにはただ意外だった。

その戸惑いをドイツ語の手紙に書ききれず、やっと礼状を出せたのは半年以上も後だった。日本にお招きしよう、日本の人たちにご自身の口からきびしい体験と和解への熱い思いを聞いてもらおう、そう思い立ってようやく書けたのだった。

当時、共産国ポーランドとの手紙の往復は何か月もかかった。「日本に行こう」との返事がやっと届いたのはちょうど旧版『荒れ野の40年』が書店に並んだころだ。

この返事と前後して、今度はメッケル君から、シマンスキさんが「テオドーァ・ホイス・メダル」(ホイスは西ドイツ初代大統領)という、たいへん権威のある西ドイツの賞を受けた、との報せが届いた。授賞理由にはヴァイツゼッカー大統領の演説が繰り返し引用されていた。「心からの和解」のため、多くのドイツの若者がアウシュヴィッツの「真実を直視」し、「心に刻む」手助けをしてきたことへの賛辞だった。

大統領演説の翻訳、シマンスキさんの招聘《しょうへい》――このふたつが反応して火花を散らしたように思えた。偶然の符合、そういったのでは物足りない思いがあった。

秋、シマンスキさんは日本各地で講演した(このときの講演をまとめたものは『恐怖のアウシュヴィッツ』としてこの岩波ブックレットの一冊になった)。シマンスキさんは、ぼくがヴァイツゼッカー演説の訳者であることを心から喜んでくださった。お二人が旧知の仲だったことはその折りに知った。

さて、本筋にもどろう。「五月八日」演説のその後だ。演説は新たな論争のやや遠いきっかけになっていった。

発端は『フランクフルター・アルゲマイネ』紙に掲載された現代史家エルンスト・ノルテ教授の論文で、とくに注目を集めたのはナチのしたことの多くは歴史に先例がある、との主張だった。平たくいえば「ドイツだけが悪かったわけではなかろう」ということにあった。「過去が過ぎ去らない」ことへの苛立ちが底流にあった。

哲学者ユルゲン・ハーバマス教授がこれに反論、多くの歴史、評論家たちが加わったいわゆる「歴史家論争」は八八年秋まで約二年間つづいた。

汚点のある歴史を「重苦しい」と感じるなら、そしてそれが忘れていいなら忘れたい、というのが普通のドイツ人のごく正直なところだろう。いささか乱暴にいえば、そうした本音をあらためて噴出させたのがノルテ論文で、その上での「歴史家論争」だった。

論争が始まって二年以上たった八八年十月、『フランクフルター・アルゲマイネ』紙は大統領にインタヴューして、「歴史はなぜこうも痛みを伴うのか」を問うた。歴史は痛みを伴うこともある、だがこれは直るものだし、未来への洞察をもたらすものだ、と大統領はその効用を説いた。この直後の歴史学会でも同じ趣旨の演説をした。

ソ連では八五年に共産党書記長になったゴルバチョフがペレストロイカ(改革)に動いていた。ソ連がやがて崩壊する、ましてヴァイツゼッカー大統領の説く「歴史の効用」が現実のものになってドイツが統一されることになるとはまだだれにも予想できなかった。

八九年はフランスにとっては「革命」から二百年の輝かしい記念の年だったが、ドイツ人にはヒトラー生誕百年、第二次大戦開始(ポーランドへの侵攻)五十年、東西ドイツの分裂から四十年の、また「重苦しい」議論の年になりかねなかった。

じっさいには目の前で東ヨーロッパ諸国、東ドイツの体制が音をたてて揺れ、なによりもソ連の「帝国」が瓦解しかけていて、歴史論議にふけっている暇《いとま》はなかった。

そんななか大統領は五月、西ドイツの基本法制定四十周年にあたって国会で「国境を架け橋に」との演説をした。和解の上に立つ国境は、国と国とを分断するのではなく、つなぎ合わせるのだとの論旨、オーダー・ナイセの河に「架橋」しようとの決意であり、ヨーロッパの東西分裂を克服しようとの呼びかけだった。

十一月九日、ついに東西ベルリンを裂く壁が音をたてて崩れ落ちていった。奇しくも五十一年前の「帝国水晶の夜《クリスタル・ナハト》」、いまは「ポグロムの夜」と呼ぶ、ユダヤ人迫害が本格化したのと同じ日だった。忌日と祝日が重なる感があった。どこか因縁めいていた。

以来約一年、アメリカ、イギリス、フランス、それとソ連の四大国と東西二つのドイツの「四プラス二」の交渉——ドイツ人は順序をかえ、ドイツを上に置いて「二プラス四」といいたがった——がまとまって「講和」が結ばれ、ポーランドとの条約でオーダー・ナイセ線が正式な国境として確認された。四五年以来の歪んだ形の関係がやっと正常化した。

九〇年十月、東ドイツ(ドイツ民主共和国)は西ドイツ(ドイツ連邦共和国)に吸収される形で消滅した。西のドイツ連邦共和国は基本法の前文にいう「自由な自己決定で……統一と自由とを完成」してひとまわり大きな新しいドイツ連邦共和国になった。

そして、西ドイツのヴァイツゼッカー大統領がそのまま統一ドイツの初代大統領になった。

統一にあたって、大統領はこれが実現した前提は「信頼と和解と、そして恐怖のないドイツ」の存在であることを強調した。歴史を直視した上で東西と和解した結果の統一だ、というのだ。四年前の演説で四十年前の五月八日が「すべてのドイツ人を結びつける史上最後の日付でありつづけることはない」ともって回ったいい方で、控えめに述べた統一への「確信」、これが実現したのだ。六二年、ポーランドとの関係を正常化することを主張する論文を発表してからほぼ三十年がたっていた。言葉は辛抱強い、とも大統領はこのころ語った。

ソ連は崩壊し、冷戦も終わった(そして「文明の衝突」がはじまるのだが……)。

ヴァイツゼッカー氏は九五年八月に来日し、「ドイツと日本の戦後五十年」を語った。すでに二期十年の任期は終えていた。歴史は「われわれの記憶に重くのしかかるものであってはならない」「われわれの精神を啓発できるのが歴史で……明暗双方をもつ過去の全遺産を受け入れ、ともに責任をもってこれを担うことこそ、一つの国民《ナチオン》を真の国民にする」などと、基調はもちろん十年前の「五月八日」演説と同じだった。

ただ、ここではキリスト教の言葉を使うことは避けてあった。

そして、「謝罪」についての考えを詳しく語ったことがもう一つの相違だった。

国と国との関係では時に「謝罪が必要だが、嘘偽りのない謝罪でなければ効果がない。心からの謝罪でなければ、むしろ止めておくべきだろう」とも語った。「ご免なさい」を気軽に口にする日本では、「過去の克服」論が「和解」でなく「謝罪」したかどうかをめぐってのさわぎになっていることを承知のうえでの、きびしい警告だった(この演説は『言葉の力　ヴァイツゼッカー演説集』岩波現代文庫に収録)。

ここで、おもに『ヴァイツゼッカー回想録』(岩波書店)によって大統領の人物像をみることにしよう。政治家の回想録とはいえ、権力政治の裏側を主に描いたものではなく、思索の歩みを跡づけていて、ドイツ文学の「教養小説」の伝統に近い。

正式な名前はリヒャルト・カール・フライヘァ・フォン・ヴァイツゼッカーだ。

ヴァイツゼッカー家は一九一六年から男爵《フライヘァ》の称号を世襲できる身分になったのだから、とくに由緒ある名家ではなく、いわゆる教養市民層の出だ。曾祖父は神学者で聖書の訳もあり、祖父は法律家でヴュルテンベルク公国の首相だった。父は海軍の少佐から外交官に転じ、のち外務次官になった人物で、その弟は神経学者として名高い。

リヒャルト・カールは第一次大戦で戦死した、母の二人の兄弟に因んでの名前だ。若いときの母は縁つづきでもあるリリー・ブラウンの『ある女性社会主義者の回想録』(邦訳なし)を愛読し、ベルリンの貧しい地区で、親のない子どもの世話に献身するような女性だった。

リヒャルトはこの母から「宗教的刺激」をうけて育った。プロテスタントの教会も大きくナチズムに傾斜するなか、その教会政策に抵抗する「告白教会」を率いていた牧師マルティン・ニーメラー(戦後は西ドイツの再軍備に反対し、平和主義者として日本でもよく知られることになるが、もとは潜水艦の艦長だった)を母は支持していた。

リヒャルトは大学在学中、十八歳で軍隊に入った。三歳年長の次兄ハインリヒは同じ部隊の上官だった。大戦の開始当日、兄弟もポーランドに攻め入り、兄は翌二日、弟の目の前で戦死してしまう。

前線では上層部からの不合理な命令に悩まされ、仲間と一緒に壁に向かってピストルを発射し、憤懣《ふんまん》をはらすようなこともあった。国防軍の犯罪も知った。

だが、「犯罪的な国防軍」とは言うことがなかったのは、四四年七月二十日の「ヒトラー暗殺未遂事件」の関係者たちと知り合ったことにもよる。暗殺計画には直接参加しなかったが、のちこの事件を「人間性とモラルの名による抵抗運動」と高く評価する。

軽い負傷をしただけですんで六年に及んだ軍隊生活に終わりを告げ、敗戦の年の秋から長兄のいるゲッティンゲン大学で法律の勉強を再開したときは二十五歳だった。

しかし、またこれを中断した。ヒトラーの下で外務次官、そのあとヴァチカン駐在大使を務めた父エルンストがいわゆる「ヴィルヘルム街（日本でいえば外務省のある「霞が関」）裁判（これはニュルンベルクでのいわゆる「主裁判」ではなく、アメリカ軍による十二の「継続裁判」の一つ）の被告になったからだ。リヒャルトは四八年、父の弁護団の助手になって、裁判資料として提出されるナチの時代の文書、「世界史上もっとも恐るべき記録」にじかに触れて、ドイツの名での犯罪を知った。

父は四九年四月、軍事法廷で五年の拘留を言い渡されるが、一年半後にアメリカの高等弁務官の命令で釈放された。

裁判の途中、戦時中のイギリス首相チャーチルはイギリス下院でエルンストらに対する裁判を「アメリカ検察陣の恐ろしいほどの間違い」と公然と批判した。敵国になるドイツの外務次官エルンストが戦争を避けるため懸命の努力をしたことをよく知っていたのだ。

ことに、チェコスロヴァキアの一部をドイツに割譲することを取り決めた三八年の「ミュンヘン協定」の際、エルンストはイギリス・フランスとの戦争を避けるためにおおいに努力していた。今では連合国側の「宥和《ゆうわ》政策」として悪評高い一件だが、「後の世の人間、歴史の経過をすでに知っている世代には分かることも、歴史のその時々の状況のなかではいつでもそんなに明確にわかるものであろうか」とリヒャルトは自問する。そして「当時の父の態度を、無条件の尊敬の念とともに想起する」と断言する。

たしかに父はナチの人種犯罪に公然とは抗議しなかった。「抗議しようものなら、殉教者になってもユダヤ人を助けることにはならぬ」と後に述懐している。さりとて、殉教を避けようとすれば、積極的な協力に堕しかねない、危険きわまりない綱渡りをしていたというのだ。

リヒャルトは裁判のあとの父が笑うのをみたことがない、という。そして「父が置かれていたような状況に陥らないよう願うばかりだが、もし仮にそういう事態になったとしたら、そのころの父からわたしが知った、あのように深遠な良心とともに生き、行動すべきである」と学んだ、とも述懐し、「生涯を通じてもっとも重苦しい経験」であり、「おそらくはもっとも密度の高い修行時代」だったとも語っている。


父の裁判を終えて復学、翌五〇年、三十歳で実業界に入った。会社経営の実務に携わるというより、高度な経済・社会政策(たとえば「共同決定」の制度)を練る立場にあった。著名なマルクス主義の哲学者テーオドァ・アドルノの協力をえたこともある。

西ドイツが軍備に踏み切り、さらに核武装の問題で揺れるなか、五七年四月、長兄カールが取りまとめ役になって、原子物理学の世界的権威ヴェルナー・ハイゼンベルクら西ドイツの著名な原子物理学者十八人が「ゲッティンゲン宣言」をだした。

大国の戦術核兵器による「段階的抑止」は容認せざるをえないが、「ドイツのような小国は……いかなる核兵器も放棄」するほかなく、自分たちは「核兵器の製造・実験・使用に参加しない」と宣言していた。大国の核兵器による一定の抑止効果は認めていて、核兵器の全面反対ではない(そもそも西ドイツの再軍備反対は、統一への支障になる、との危惧が出発点だった。日本の「原水爆反対運動」や「平和主義」とは違う)。

再軍備についで核武装を急ぐ西ドイツ政府は困惑し、カールらを官邸に呼んで翻意を迫ったが、失敗に終わる。財界でも宣言に反対、政府に賛成の方針を出そうとした。が、リヒャルトはこれには従わないことを鮮明にし、かえって評判を高めた。

ベルリンに壁ができた翌六二年二月、兄のカールはハイゼンベルクら各界の指導的立場にいるプロテスタントの知識人八人と共にこんどは「テュービンゲン覚書」と呼ばれる文書を発表した。当時の西ドイツの政治・社会全般について、教会組織とは別の立場に立って詳細に検討・批判する文書で——つまり、「社会教説」というカトリックの考え方のプロテスタント版だ——「社会福祉の分野での選挙目当てのばらまき」を糾弾し、教育制度の徹底的改革を求めているほか、行きづまっている対ソ・東欧関係の改善に重点があった。のちにドイツ福音派教会ＥＫＤが出す「東方教書」の原型だ。

和解の前提としてポーランドの西側国境、つまりポーランドと東ドイツとの国境の承認を説いていた。オーダー・ナイセの二つの河の向こうの、広大な父祖の地を断念することを意味する。困難なことは充分にふまえつつ、しかしポーランドそして東ヨーロッパの国々との和解にはこれが不可欠だとの前提の、ことに民衆の意見に抗することの難しい政治家には禁句に等しい内容だ。

リヒャルトは「テューービンゲン覚書」の、外交政策に関する部分の作業に協力していた。この覚書を踏まえ、『ツァイト』紙（六二年八月三日号）に東方政策・外交政策についての論文を発表した。このデビュー論文はかれ個人の対東ヨーロッパ政策の原点でもあり、その主張は三十年ほどもたったドイツ統一の際に実現する。

政治家になっていく前のリヒャルトは、「原子物理学を修めた哲学者」を自認する兄の感化をつよく受けていた。

リヒャルトは実業の世界に身を置いたまま、ニーメラーの「告白教会」の伝統をつよく受け継ぐ「福音主義教会信徒大会」での活動に傾斜していく。「信徒大会」は教会組織とは別の、プロテスタントの平信徒たちの伝統あるフォーラムで、前任者に指名され、その議長に選ばれたのは六四年、四十四歳の若さだった。

翌年の信徒大会で十二万人を前に「自由」をテーマに演説、おおきな感動を呼び起こした。「大聴衆を前に演説し、しかもその演説を自分への語りかけとして聴衆に感じさせることができる」ことを自覚した。政治家に不可欠な演説の天分をはっきり自覚したのはこの時だという。

六九年、請《こ》われて連邦議会の議員になった。所属は保守のキリスト教民主同盟。

この時の選挙で社会民主党は戦後はじめて第一党になり、ブラント首相がはなばなしく東方政策を展開していく。かつて「テューービンゲン覚書」、『ツァイト』紙でのヴァイツゼッカー論文、そして福音派教会ＥＫＤの「東方教書」が示した方向と重なり、事実上、オーダー・ナイセ河以東の旧領土を断念することを前提にしていた。八〇年代に政権に戻ってからのキリスト教民主同盟が当然のことのように継続していく外交路線だが、当時は猛反対、国論を二分した。ヴァイツゼッカーはブラントの政策を支持、これはキリスト教民主同盟には反党行動だった。党派をこえた発想をするリヒャルトは、一時は「脱党か否か」と悩む。

これからのち、しばしば「政党政治」批判を繰り返すことになる。

八一年、西ベルリン市長になった。ときには街頭で荒れる若者たちの真ん中に入っていって対話を求め、信望をえたが、任期途中の八四年、市長を辞して大統領になる。

そして八五年五月、ここに収めた演説で一挙に声価を高めた。在任中、さまざまな機会に約六百回もの演説をし、感銘をあたえた。「言葉の政治家」と評判になった。

二期目の在任中にドイツの統一が実現した。だれにも予期できなかったが、それは旧両ドイツ時代からの基本法(憲法)が唱え、大統領自身が確信してきた「自由のなかの統一」であった。かつての西ベルリン市長が、今度は統一ドイツの大統領として首都に戻ったベルリンに帰っていった。

これで『荒れ野の40年』、そしてヴァイツゼッカーの紹介は終わろう。

演説を読んでみる気になってくれただろうか。遠い国の、古い演説から何を汲み取り、何を「心に刻む」か、考えてみてほしい。時代も事情も違ってはいても、読み取るべきことはあるはずだ、とぼくは考えるのだが、どうだろう。

「政治とは道徳的な目的のためのプラグマティックな行為である」といった人物がドイツにいる。きびしい現実の渦中で高い理想をかかげ、次の世代に語りかけてきたヴァイツゼッカーはまさしくそういう政治家のひとりだろう、とぼくは考えているのだが。

リヒャルト・フォン・ヴァイツゼッカー(Richard von Weizsäcker)

1920年生まれ．ベルリン，オックスフォード，ゲッティンゲンの各大学に学ぶ．在学中に第二次世界大戦でドイツ国防軍に従軍．戦後，復学したのち，実業界に入り，ドイツ福音派信徒大会で議長をつとめ，69年に連邦議会議員，81年には西ベルリン市長となる．84年から2期10年間のドイツ連邦共和国大統領在任中にドイツ統一の悲願の実現をみた．2015年死去．

永井清彦

1935年生まれ．東京大学卒業後，朝日新聞社，ドイツ海外放送，タイム・ライフ社をへて，桃山学院大学・共立女子大学教授などを歴任．著訳書に『言葉の力　ヴァイツゼッカー演説集』，『ヴァイツゼッカー　ドイツ統一への道』(いずれも岩波書店)，『緑の党』(講談社)，『現代史ベルリン』(朝日新聞社)などがある．2017年死去．

新版 荒れ野の40年
――ヴァイツゼッカー大統領ドイツ終戦40周年記念演説　　岩波ブックレット767

2009年10月6日　第1刷発行
2025年2月14日　第13刷発行

訳　者　永井清彦《ながいきよひこ》

発行者　坂本政謙

発行所　株式会社 岩波書店
〒101-8002 東京都千代田区一ツ橋2-5-5
電話案内 03-5210-4000　営業部 03-5210-4111
https://www.iwanami.co.jp/booklet/

印刷・製本　法令印刷　装丁　副田高行　表紙イラスト　藤原ヒロコ

ISBN 978-4-00-009467-2　Printed in Japan